1000 Sticker DINOSAURIER

PaRragon

Bath · New York · Singapore · Hong Kong · Cologne · Delhi
Melbourne · Amsterdam · Johannesburg · Auckland · Shenzhen

Wer passt nicht dazu?

Welcher Dinosaurier ist anders als die anderen? Kreis ihn ein.

Dino-Code

Wenn Du diesen Zahlencode knackst, erfährst Du den Namen des größten fleischfressenden Dinosauriers, der je entdeckt wurde.

1	2	3	4	5	6	7	8	9	10	11	12	13
A	B	C	D	E	F	G	H	I	J	K	L	M
14	15	16	17	18	19	20	21	22	23	24	25	26
N	O	P	Q	R	S	T	U	V	W	X	Y	Z

7	9	7	1	14	15	20	15	19	1	21	18	21	19
G	i	g	a	n	o	t	o	s	a	u	r	u	s

Trag die Lösung hier ein!

Versteckspiel

Manche Dinosaurier waren getarnt, um sich besser verstecken zu können. Zeichne ein paar Büsche um diesen Dinosaurier und mal das Bild dann aus.

Pflanzenfresser

Findest Du diese pflanzenfressenden Dinosaurier im Buchstabengitter?

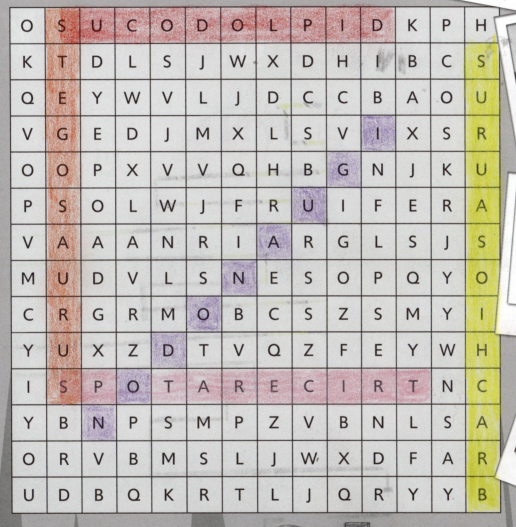

- Stegosaurus
- Triceratops
- Diplodocus
- Iguanodon
- Brachiosaurus

Wilder Dino!

Wie heißt der wilde Dinosaurier, der hier seine Beute jagt?
Ergänz die fehlenden Buchstaben, dann weißt Du es!

TYRANNOSAURUS REX

Dino-Kampf

Sieh Dir die beiden Bilder der kämpfenden Dinosaurier genau an. Findest Du die drei Unterschiede?

Wo ist mein Nest?

Hilf dieser Dinosaurier-Mama, den Weg durch das Labyrinth zu ihrem Nest zu finden.

Dino-Quiz

Verbinde jeden Saurier mit dem passenden Satz.

Urzeitdschungel

Mal das Bild vom Compsognathus im Urzeitdschungel aus.

Dino-Mama

Auf welchem Weg kommt die Dinosaurier-Mama zu ihrem Baby?

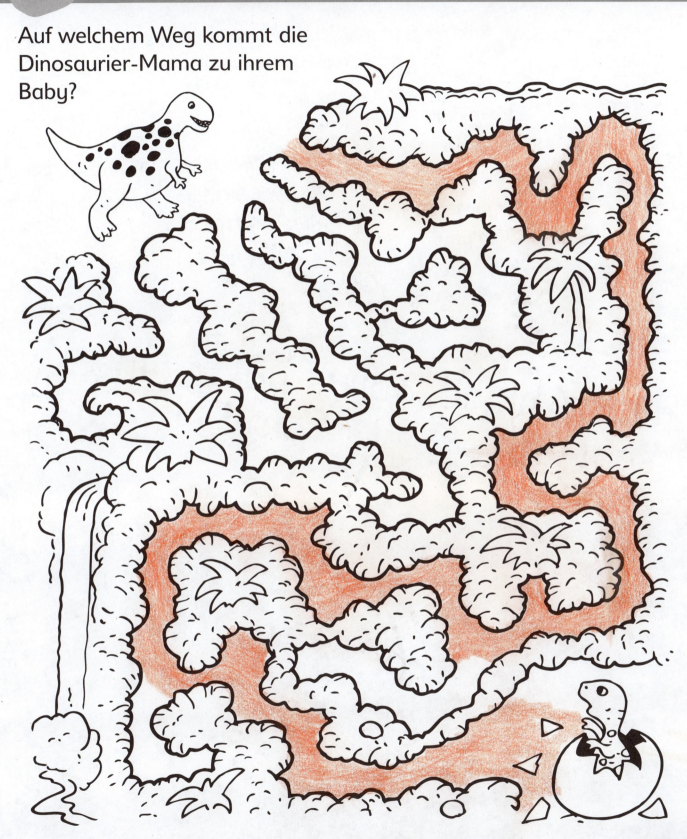

Dinosaurier-Waffen

Was hatte der Ankylosaurus zu seiner Verteidigung am Schwanzende? Lös das Rätsel, dann weißt Du es!

Mein erster ist in „Koch", aber nicht in „Loch".
Mein zweiter ist in „Teer", aber nicht in „Tor".
Mein dritter ist in „Uhr", aber nicht in „Ohr".
Mein vierter ist in „Lampe" und auch in „Luchs".
Mein fünfter ist in „Eber", aber nicht in „Ober".
Wie lautet die Lösung?

Der Ankylosaurus hatte eine schwere _ _ _ _ _ am Schwanz.

Wie groß bin ich?

Kannst Du diese Dinosaurier vom größten zum kleinsten ordnen? Fang mit der Zahl 1 für den größten an.

- [ ] Iguanodon
- [ ] Compsognathus
- [ ] Brachiosaurus
- [ ] Giganotosaurus

Codeknacker

Wenn Du diesen Zahlencode knackst, erfährst Du, was Wissenschaftler untersuchen, um mehr über Dinosaurier zu erfahren. Schreib die Lösung auf die Striche.

1	2	3	4	5	6	7	8	9	10
K	E	F	I	L	N	O	S	C	H

Wissenschaftler untersuchen

1 6 7 9 10 2 6
__KNOCHEN__

und 3 7 8 8 4 5 4 2 6
__FOSSILIEN__

Worträtsel

Manche unserer heutigen Lebewesen gab es schon zur Zeit der Dinosaurier! Wenn Du diese Wörter rückwärtsschreibst, verraten sie Dir zwei von ihnen.

ELIDOKORK
__ __ __ __ __ __ __ __ __

EIAH
__ __ __ __

Trag die Lösungen hier ein!

Doppelbild

Zeichne den Ceratopsier in das Raster unten ab und mal das Bild anschließend aus.

Du bist dran!

Wie heiße ich?

Wenn Du jeden zweiten Buchstaben wegstreichst, erfährst Du den Namen dieses grimmigen Dinos. Der erste Buchstabe ist schon weggestrichen. Schreib den Namen in die Kästchen.

| V | V | E | I | L | N | O | K | C | L | I | D | R | R | A | Q | P | M | T | B | O | Z | R |

← Trag die Lösung hier ein!

Dino-Ausmalbild

Mal den Stegosaurus mit den großen Rückenplatten aus.

Paare suchen

Jeder Dinosaurier kommt zwei Mal vor, bis auf einen. Verbinde die Paare. Findest Du den einzelnen Dino?

Hilfe, der Tyrannosaurus!

Zeig dem kleinen Dino den Weg durch das Labyrinth, damit ihn der Tyrannosaurus nicht erwischt!

Flugsaurier

Zeichne den Flugsaurier in das leere Raster ab.
Mal das Bild anschließend aus.

Du bist dran!

Unterschiede suchen

Sieh Dir die beiden Bilder genau an.
Findest Du die vier Unterschiede?

22

Dino-Suche

Findest Du alle fleischfressenden Dinosaurier im Buchstabengitter?

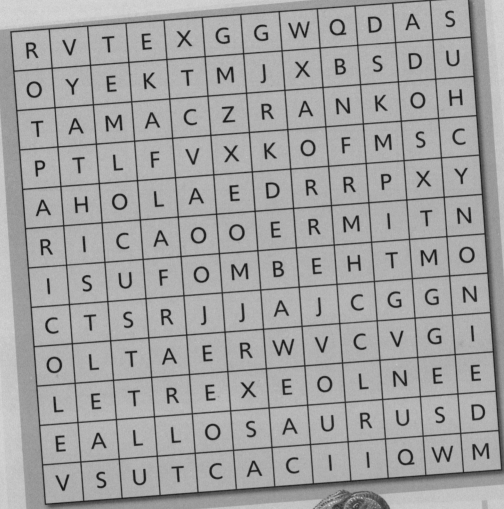

- ☐ T-Rex
- ☐ Allosaurus
- ☐ Deinonychus
- ☐ Troodon
- ☐ Velociraptor

Schneller Läufer

Wenn Du jeden zweiten Buchstaben wegstreichst, erfährst Du den Namen eines der schnellsten Dinosaurier. Der erste Buchstabe ist schon weggestrichen. Schreib den Namen in die Kästchen.

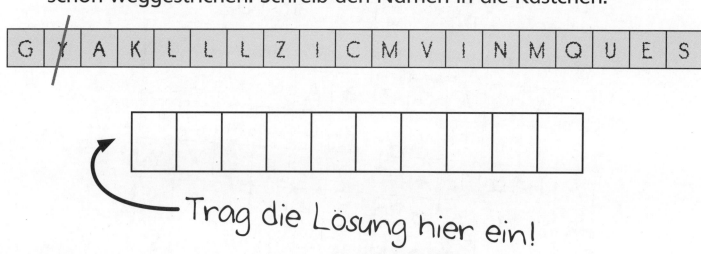

— Trag die Lösung hier ein!

Dinosaurier-Quiz

Kreis die richtige Beschreibung für jeden Dinosaurier ein.

Allosaurus
- Ich fresse Fleisch.
- Ich fresse Pflanzen.

Ichthyosaurier
- Ich lebe im Meer.
- Ich lebe an Land.

Stegosaurus
- Ich habe Platten auf dem Rücken.
- Ich habe Stacheln auf dem Rücken.

Rechnen mit Dinos!

Kannst Du diese Aufgaben lösen?
Schreib die Lösungen in die Kästchen.

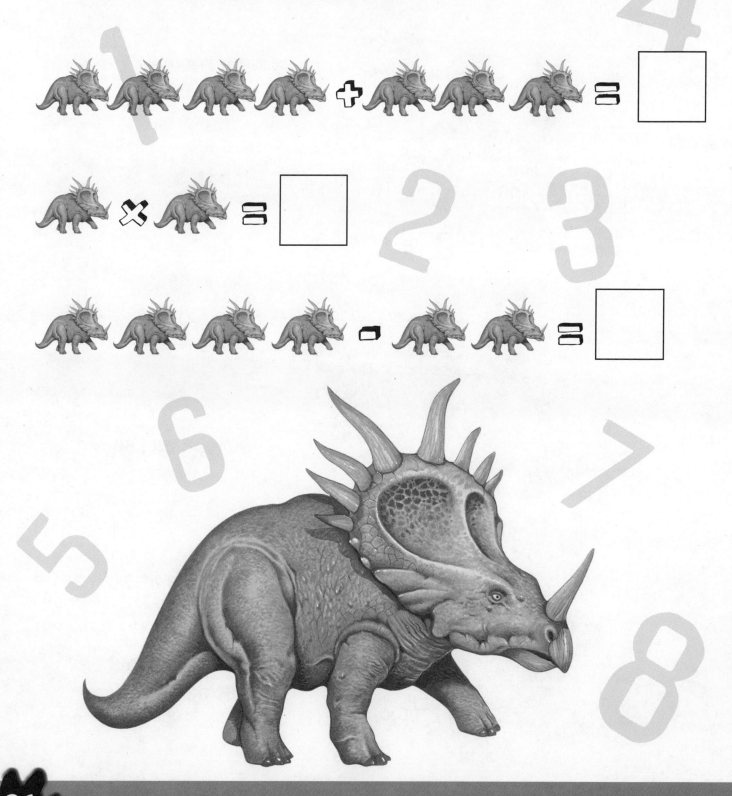

Schattenrätsel

Verbinde jeden Dinosaurier mit seinem Schatten.

27

Einer passt nicht dazu

Welcher Dinosaurier passt nicht zu den anderen und warum?
Kreis ihn ein und schreib den Grund in das Kästchen!

Mahlzeit!

Mal das Bild von der Dino-Mahlzeit aus!

Wie viele Dinos?

Wie viele Dinos siehst Du auf diesem Bild?

Winziger Dino

Compsognathus gehörte zu den kleinsten Dinosauriern. Wenn Du die fehlenden Buchstaben ergänzt, weißt Du, wie klein er war. Trag die Lösung unten ein.

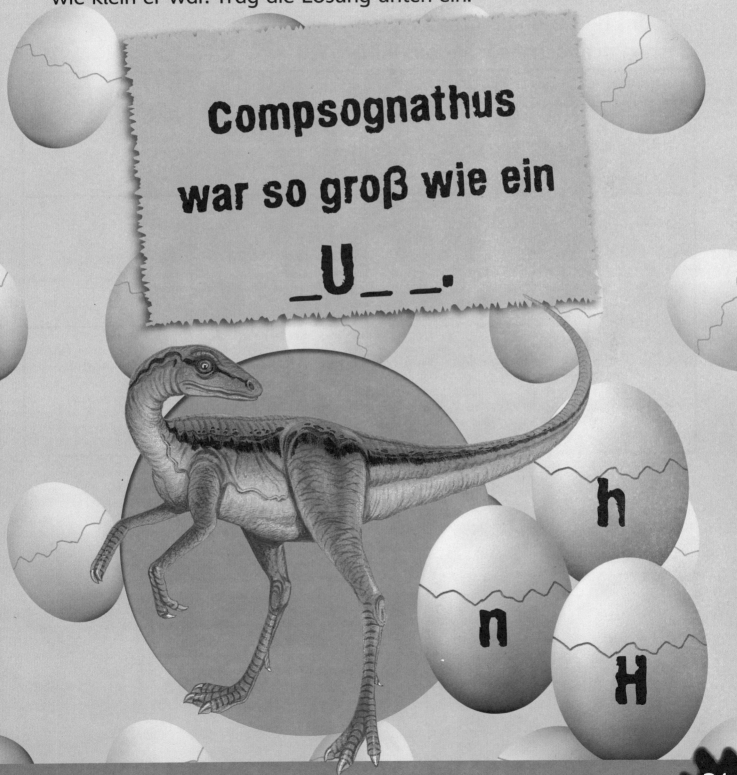

Compsognathus war so groß wie ein _U_ _.

Angeber!

Wissenschaftler glauben, dass manche Dinosaurier einen leuchtend bunten Kopfschmuck trugen, um damit Eindruck zu schinden. Zeichne den Dinosaurier in das Raster und mach dann mit knalligen Farben einen richtigen Angeber aus ihm!

Du bist dran!

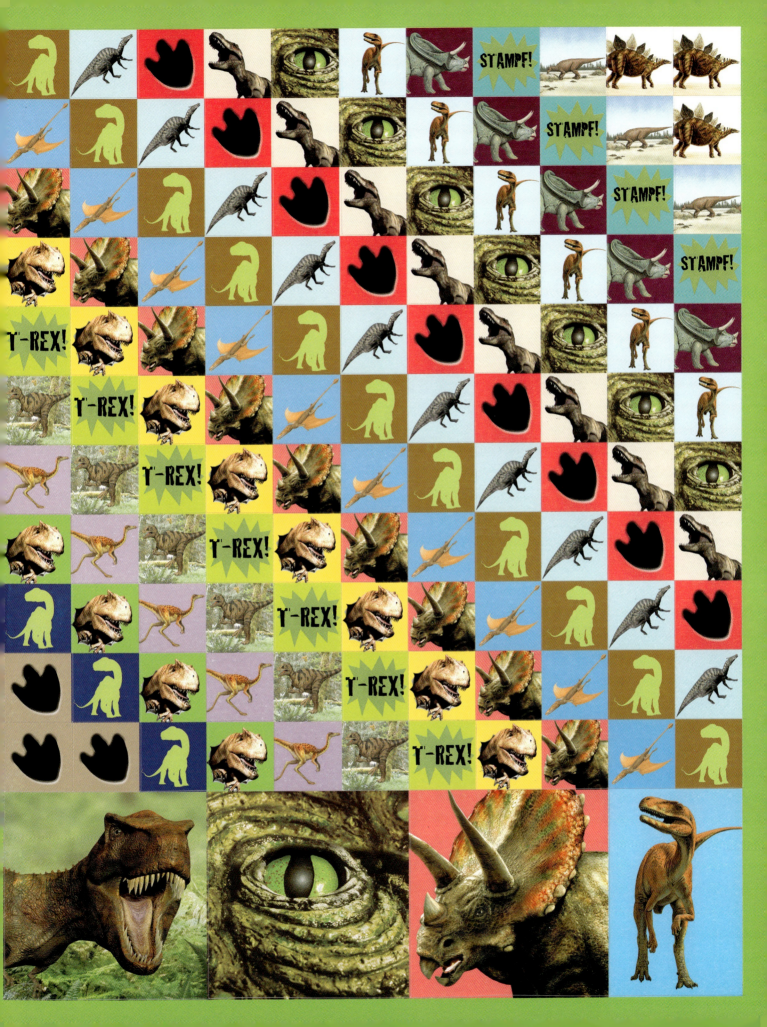

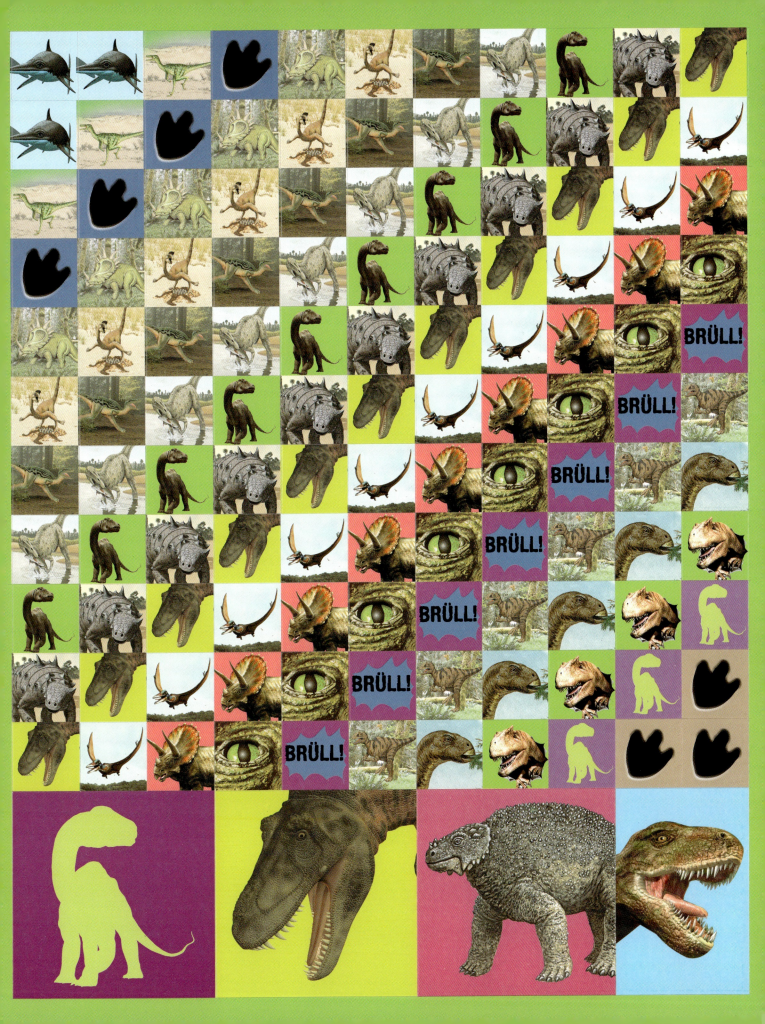

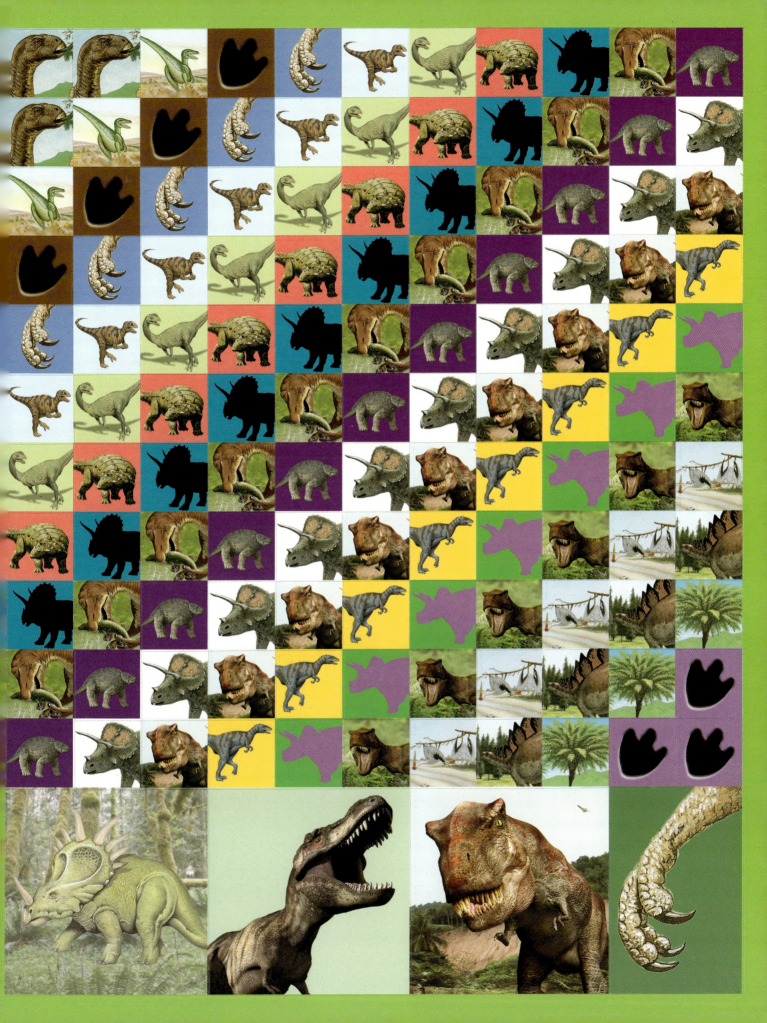

Waffen-Wortsuche

Die Dinosaurier verteidigten sich mit den verschiedensten Waffen. Findest Du alle Dinosaurierwaffen im Buchstabengitter?

☐ Kiefer
☐ Horn
☐ Stachel
☐ Keule
☐ Klaue

I	V	T	E	X	G	G	W	Q	D	A	G
R	Y	E	K	T	A	M	R	O	U	R	W
X	A	M	A	C	Z	R	A	S	K	O	H
W	T	L	F	V	X	K	X	F	M	S	D
O	H	O	L	A	E	D	R	R	P	X	M
M	I	C	A	O	H	O	R	N	I	T	E
B	S	U	F	V	M	B	E	H	T	M	R
A	T	S	L	J	J	A	J	C	G	G	E
T	L	T	A	E	R	W	V	C	V	G	U
J	E	K	I	E	F	E	R	L	N	E	A
N	S	T	A	C	H	E	L	W	R	T	L
R	E	L	U	E	K	C	I	I	Q	W	K

33

Sumpf-Labyrinth

Hilf dem Dino, durch den matschigen Sumpf zu seiner Herde zu finden.

Dino-Spaziergang

Mal die urzeitliche Szene aus!

Futterräuber

Welche Spur führt zu dem Futter, das der Dinosaurier raubte?

Mein eigener Dino

Auf dieser Seite kannst Du Dein eigenes schreckliches Urzeitmonster entwerfen.

Dino-Landschaft

Diese urzeitliche Landschaft wäre bunt viel schöner! Mal den Himmel blau und den Dinosaurier rot und violett. Die Bäume und Pflanzen kannst du grün und braun ausmalen.

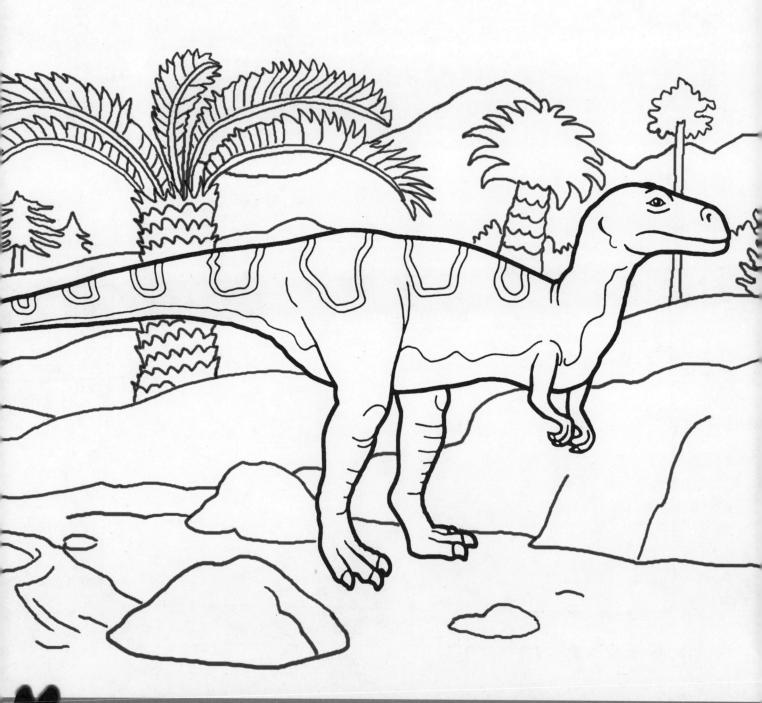

Einer passt nicht!

Nur einer dieser Dinosaurier war ein Fleischfresser. Was glaubst Du, welcher? Kreis ihn ein.

Ungewöhnliches Essen

Wenn Du das Lösungswort im Uhrzeigersinn liest, weißt Du, was manche Dinosaurier verschlangen, um die Nahrung in ihrem Magen zu zerkleinern. Beginn mit dem Buchstaben in der Mitte.

Schreib die Lösung hier auf!

Wo ist meine Mama?

Denk Dir eine Geschichte über das Dinosaurierbaby und seine Mama aus und schreib sie neben dem Bild auf!

Es war einmal ...

Eins passt nicht dazu

Welches Bild sieht anders aus als die anderen?
Kreuz das dazugehörige
Kästchen an.

42

Richtig oder falsch?

Alle Sätze stimmen, bis auf einen.
Findest Du ihn? Kreis ihn ein.

1. Dinosaurier legten Eier.

2. Dinosaurier bevölkerten etwa 165 Millionen Jahre lang die Erde.

3. Dinosaurier waren Reptilien.

4. Alle Dinosaurier fraßen Fleisch.

Stachelschwanz!

Das auffälligste Merkmal des Shunosaurus war eine stachelige Knochenkeule am Ende seines langen Schwanzes. Mal den Shunosaurus aus!

Dino-Puzzle

Zeichne den Dinosaurier im Raster unten fertig und mal ihn anschließend aus.

Versteckte Lösung

Wenn Du die Zahlen wegstreichst und die Buchstaben unten hinschreibst, erfährst Du, was das Wort DINOSAURIER bedeutet.

4	S	6	C	4	8	H	4	R	7	2	E	3	C	7	K	9	L	8
I	7	C	6	H	9	3	E	7	E	7	3	C	8	H	7	S	5	E

Das Wort DINOSAURIER bedeutet

_ _ _ _ _ _ _ _ _ _ _

_ _ _ _ _

Paare suchen

Jeden Dino gibt es zwei Mal, bis auf einen. Verbinde die Paare. Findest Du den einzelnen Dino?

Da fehlt noch was

Kannst Du den unteren Kentrosaurus so vervollständigen, dass er aussieht wie der obere?

Ich kann fliegen!

Der urzeitliche Archaeopteryx hatte Federn wie ein Vogel und konnte sogar fliegen. Zeichne das Bild in das Raster ab und mal das erstaunliche Wesen dann aus.

Unterschiede suchen

Sieh Dir die beiden Bilder genau an. Findest Du die fünf Unterschiede?

Wilde Dinos

Findest Du alle wilden Wörter im Buchstabengitter?

☐ brüllen
☐ laufen
☐ kämpfen
☐ fliegen
☐ springen
☐ angreifen
☐ jagen
☐ schlagen

I	S	B	N	E	G	A	J	Q	D	A	G
R	Y	A	Ü	T	L	A	U	F	E	N	N
X	A	N	E	G	A	L	H	C	S	O	E
W	T	J	F	V	X	K	X	F	Ü	S	G
S	H	N	L	N	E	D	R	R	P	X	E
P	K	Ä	M	P	F	E	N	I	T	A	I
R	S	U	F	V	M	G	E	H	T	M	L
I	T	S	Ä	J	J	A	A	C	G	G	F
N	L	T	A	E	R	W	V	K	V	G	F
G	E	S	N	A	K	E	O	L	H	E	W
E	B	R	Ü	L	L	E	N	Ä	S	C	N
N	S	A	N	G	R	E	I	F	E	N	S

Wie heißt meine Waffe?

Deinonychus verfügte über eine schreckliche Waffe. Beginn mit dem Buchstaben in der Mitte und lies das Lösungswort im Uhrzeigersinn, dann weißt Du, welche das war.

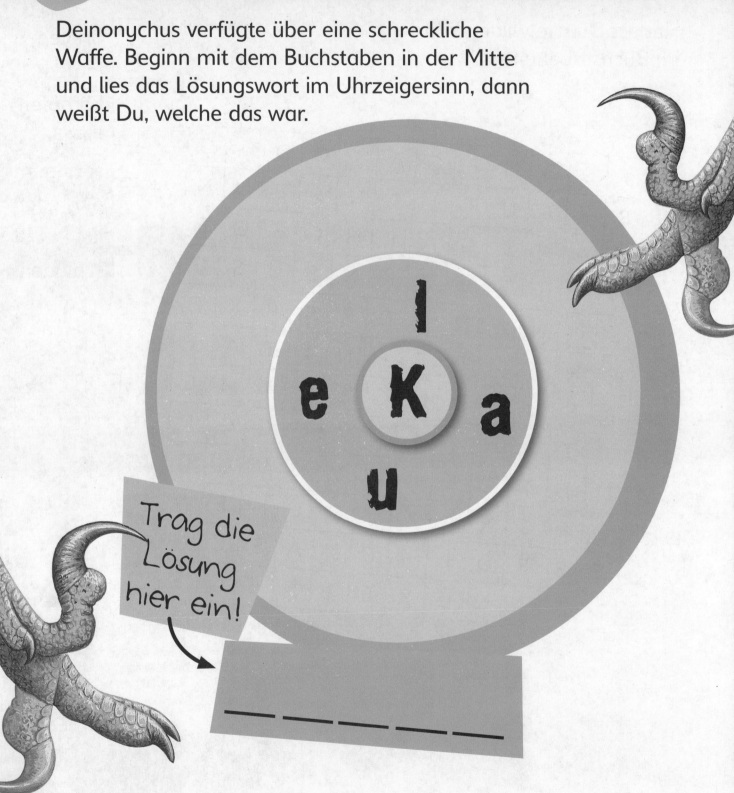

Trag die Lösung hier ein!

_ _ _ _ _

Zahlenrätsel

Vor wie vielen Jahren sind die Dinosaurier ausgestorben? Die Antwort verrät Dir das Zahlenrätsel! Der Schlüssel hilft Dir.

Buchstaben zählen

Hier siehst Du die Namen einiger Dinosaurier. Bei welchem Dinosaurier kommt am häufigsten der Buchstabe a vor? Kreis ihn ein.

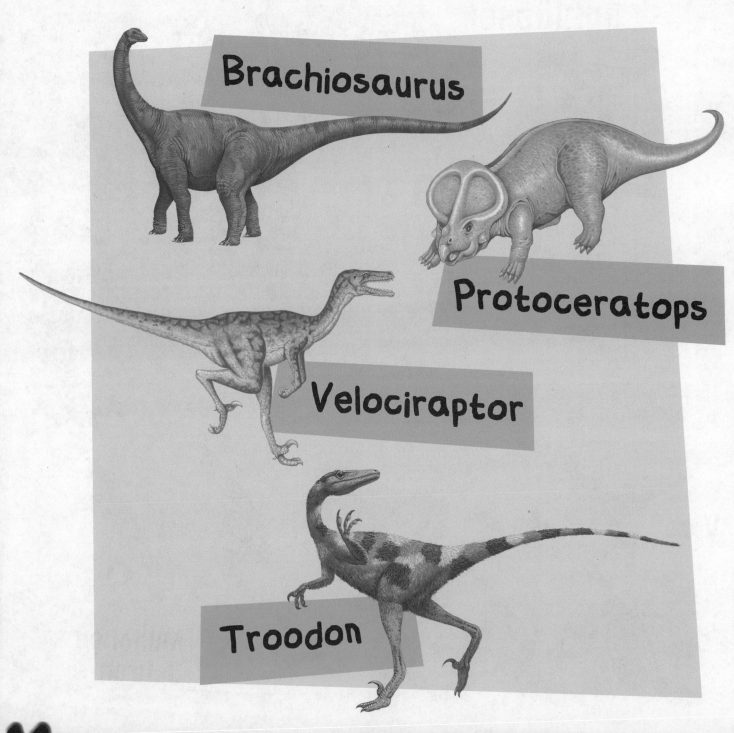

Brachiosaurus

Protoceratops

Velociraptor

Troodon

Schattenrätsel

Verbinde das Tier in der Mitte mit seinem Schatten.

Farbenfroher Dino

Dieser Euoplocephalus hat einen sehr stacheligen Rücken. Mal ihn aus!

Exaktes Zeichnen

Kannst Du das untere Dinosauriernest so fertigzeichnen, dass es genauso aussieht wie das obere?

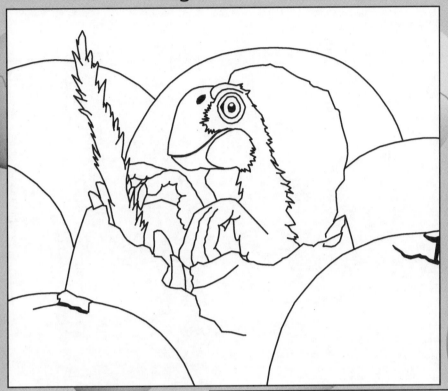

Wie viele Dinos?

Wie viele Male findest Du das Wort DINO in diesem Buchstabengitter?

Trag die Lösung hier ein!

Wie heiße ich?

Wie heißt dieses urzeitliche Meeresreptil? Wenn du jeden zweiten Buchstaben wegstreichst, erfährst Du es! Der erste Buchstabe ist schon weggestrichen. Schreib die Lösung in die Kästchen.

| P | W | L | E | E | R | S | T | I | Y | O | K | S | L | A | M | U | F | R | F | U | L | S |

Trag die Lösung hier ein!

Riesen-Ausmalbild

Mal das Riesenbild des Protoceratops aus.

Lösungen

S. 2

S. 3   Giganotosaurus

S. 5

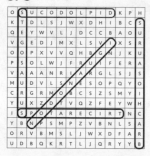

S. 6   Tyrannosaurus rex

S. 7

S. 8

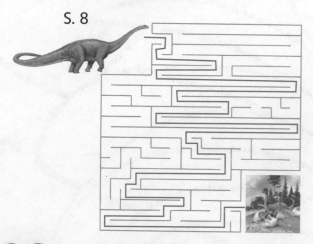

S. 9

S. 11

S. 12   Keule

S. 13   Brachiosaurus
Giganotosaurus
Iguanodon
Compsognathus

S. 14   Knochen und Fossilien

S. 15   Krokodile und Haie

S. 17   Velociraptor

S. 19

Lösungen

S. 20

S. 22

S. 23

S. 24 Gallimimus

S. 25 Allosaurus: Ich fresse Fleisch.
Ichthyosaurier: Ich lebe im Meer.
Stegosaurus: Ich habe Platten auf dem Rücken.

S. 26 7, 1, 2

S. 27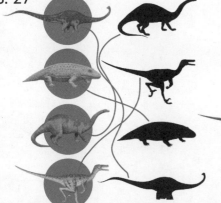

S. 28 D. Plateosaurus lief auf zwei Beinen.

S. 30 10

S. 31 Huhn

S. 33

S. 34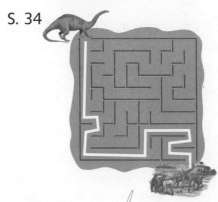

S. 36

Spur B

S. 39

Lösungen

S. 40 Steine

S. 42

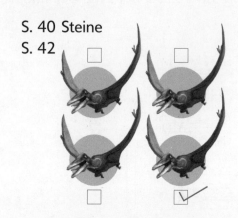

S. 43 Falsch: Alle Dinosaurier fraßen Fleisch.

S. 46 Schreckliche Echse

S. 50

S. 51

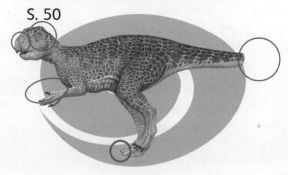

S. 52 Klaue

S. 53 Vor 65 Millionen Jahren

S. 54 Brachiosaurus

S. 55

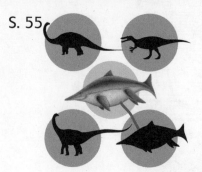

S. 58

C	B	F	W	T	Y	E	P	P
A	R	E	L	O	N	I	D	G
D	I	N	O	X	A	P	R	R
I	I	W	T	U	D	N	V	Q
N	R	W	K	N	R	V	H	P
O	M	U	Z	P	O	N	I	D
S	R	B	A	N	O	N	I	D
Z	C	U	O	S	O	N	I	D
O	D	I	N	O	N	Q	B	J

Sieben

S. 59 Plesiosaurus